AF554735

REVUE TRIMESTRIELLE
DE
DROIT CIVIL

EXTRAIT

UN ARRÊT INQUIÉTANT

Compensation et saisissabilité des salaires ouvriers

Par Ambroise COLIN
Professeur à la Faculté de droit de l'Université de Paris

LIBRAIRIE
DE LA SOCIÉTÉ DU RECUEIL **J.-B. SIREY** & DU JOURNAL DU PALAIS
Ancienne Maison L. LAROSE & FORCEL
L. LAROSE & L. TENIN, Directeurs
22, rue Soufflot, PARIS, 5e Arrd.

UN
ARRÊT INQUIÉTANT

COMPENSATION

ET

SAISISSABILITÉ DES SALAIRES OUVRIERS

La loi du 12 janv. 1895, relative à la saisie-arrêt sur les salaires et petits traitements des ouvriers et employés, et destinée à protéger contre toute mesure d'exécution la portion du salaire considérée comme nécessaire à la subsistance des travailleurs et de leurs familles, n'a pas eu une heureuse fortune. Inspirée des meilleures intentions, elle devait, dans la pensée de ses promoteurs, en consacrant les sages hardiesses d'une jurisprudence antérieure toute humanitaire, réaliser un sérieux progrès social et mettre notre législation au niveau de celles qui l'avaient précédée, à l'étranger, dans la voie d'une judicieuse protection des salaires ouvriers. Cependant, à peine la loi était-elle appliquée que des réclamations se faisaient entendre de toutes parts. L'insaisissabilité partielle qu'elle édictait était représentée comme insuffisante et on réclamait l'insaisissabilité et l'incessibilité absolues, à l'instar de celles qu'ont depuis longtemps prononcées la loi allemande du 21 juill. 1869 et la loi anglaise du 12 juill. 1870. On signalait, de divers côtés, et notamment au cours de l'enquête parlementaire sur l'état de l'industrie textile ordonnée par la Chambre des députés nommée en 1902, ce fait, au moins inattendu, que la loi nouvelle avait eu pour conséquence de multiplier d'une façon extraordinaire le chiffre des saisies-arrêts sur les salaires et les abus des crédits cuverts aux ouvriers par « les maisons d'abonnement et les cabaretiers déguisés sous le nom d'épiciers ». Plusieurs juges de paix, entendus par les enquêteurs, allaient jusqu'à déclarer que la loi était « notoirement impopulaire », sauf peut-être auprès des huissiers qui y trouvent de nombreuses occasions d'exercer leur ministère. On voyait, en conséquence, surgir de nombreuses propositions de réforme. Et, si la résistance du Sénat, opposé par une forte majorité (196 voix contre 61) au principe de l'insaisissabilité totale, a eu pour effet de retarder de dix ans les modifications réclamées aussi bien à droite qu'à gauche, il semble cependant qu'il ne reste plus qu'à trouver une formule de conciliation entre les deux Chambres pour que la loi de 1895 soit condamnée à une prompte révision, sinon dans son ensemble, au moins dans ses principes essentiels (1). Elle aura ainsi subi le destin éphémère de la plupart de nos lois *sociales* récentes, impatiemment réclamées, âprement combattues, célébrées, une fois votées, comme des triomphes de la démocratie laborieuse, puis dénoncées et vilipendées presque aussitôt par ceux-là même qui les avaient sollicitées, retouchées ou jetées au rebut après avoir fourni une carrière aussi brève que difficultueuse. Tant il est vrai que les lois d'ordre économique

(1) V. sur tous ces points l'exposé des motifs de la proposition de loi déposée par M. Bonnevay et renvoyée à la commission du travail à la séance du 8 déc. 1908, n° 2154. Un amendement à cette proposition a été déposé par MM. Justin Godart, Louis Dumont et Emile Bender (Cf. Glasson et Colmet-Daage, *Précis de procédure civile*, 2e éd., revisée par M. Tissier, 1908, t. II, p. 383, note 1).

tendent de nos jours à devenir des expédients transitoires dans un monde en perpétuelle et constante transformation, et que les parlements modernes, quittant les longs espoirs et les vastes pensées d'autrefois, doivent se résigner, de plus en plus, à légiférer au jour le jour.

Mais si le législateur a été, non sans quelque raison peut-être, taxé dans son œuvre de timidité excessive, on ne pourra pas adresser le même reproche à la jurisprudence. La Cour de cassation, dans un arrêt récent qui a suscité une émotion peut-être excessive, mais, en tout cas, légitime dans le monde des affaires, vient, en effet, de donner à l'une des dispositions de la loi du 12 janv. 1895 un sens et une portée tout à fait menaçants pour les intérêts patronaux. Or, comme ces intérêts susciteront, sans aucun doute, d'ardentes protestations, et comme, parmi les patrons en péril, l'État peut figurer en bonne place à titre d'entrepreneur de transports et d'exploitant de chemins de fer, il se pourrait fort bien que, si du moins la Cour de cassation s'obstine dans sa thèse, une intervention du Parlement devienne nécessaire, et que la malheureuse loi de 1895 subisse la nouvelle injure d'une de ces lois dites *interprétatives* qui sont la suite et comme la tare significative des dispositions imprudentes et mal venues.

La décision à laquelle nous venons de faire allusion est un arrêt de la Chambre civile en date du 21 juill. 1909, dont il est indispensable de faire connaître les antécédents de fait.

A la date du 6 nov. 1907, la société industrielle Viellard-Migeon et Cie avait dû congédier un de ses ouvriers, M. Renfert, mécanicien. Celui-ci réclama alors l'intégralité de son salaire d'octobre, sans déduction de diverses avances en argent et en marchandises (combustibles notamment) qui lui avaient été faites par la Compagnie durant le mois précédent jusqu'à concurrence d'une somme de 71 fr. 45. Cette réclamation était absolument justifiée et ne pouvait souffrir, en principe, de contestation. L'article 4 de la loi du 12 janv. 1895 dispose, en effet, que, sauf certaines exceptions, énumérées par la suite, « aucune compensation ne s'opèrera au profit des patrons entre le montant des salaires dus par eux à leurs ouvriers et les sommes qui leur seraient dues à eux-mêmes pour fournitures diverses quelle qu'en soit la nature »... Et l'article 5 ajoute que « tout patron qui fait une avance en espèces ne peut se rembourser qu'au moyen de retenues successives ne dépassant pas le dixième du montant des salaires ou appointements exigibles ». Ce que la Société Viellard-Migeon pouvait prétendre à l'encontre de son ouvrier était donc seulement de retenir sur son salaire d'octobre une portion d'un dixième, en couverture, jusqu'à due concurrence, de ses avances *en argent*. Tout au plus, au moins d'après l'opinion dominante, aurait-elle pu encore, à condition d'avoir pratiqué sur elle-même une saisie-arrêt, atteindre un autre dixième du salaire pour se couvrir de ses fournitures diverses. L'article 5, précité, de la loi de 1895 décide, en effet, *in fine*, que la retenue opérée en remboursement d'une avance d'argent « ne se confond ni avec la partie saisissable ni avec la partie cessible portée en l'article 2 ». Et l'on sait que la loi ne permet aux créanciers de l'ouvrier de saisir ses salaires que jusqu'à concurrence d'un dixième (V. Tissier, Darras et Louiche-Desfontaines, *Code de procédure annoté*, loi 12 janv. 1895, art. 5, n° 1, p. 557; Garsonnet et Cézar-Bru, *Procédure civile*, t. IV, § 1310, p. 190).

Mais l'ouvrier congédié ne borna pas là ses réclamations. Pendant les cinq mois qu'il avait passés à l'usine, antérieurement au mois d'octobre, il avait fréquemment sollicité et obtenu de la Compagnie des avances en argent et des fournitures, à bas prix, de diverses matières, telles que charbon et médicaments. Chaque mois, il avait librement consenti à ce que le caissier, en lui payant son salaire, défalquât de la somme à lui verser le montant de ce dont il se trouvait ainsi redevable envers son patron. Prétendant qu'il s'était de la sorte opéré à son préjudice une compensation interdite par l'article 4 de la loi du 12 janv. 1795, Renfert conclut devant le juge de paix de Delle à ce que le montant des retenues qu'il avait ainsi consenties, retenues s'élevant ensemble à 374 fr. 35, lui fût remboursé par la Compagnie Viellard-Migeon en sus du montant intégral de son salaire d'octobre. Et, par sa sentence du 27 nov. 1907, le juge de paix lui donna raison !

Le tribunal de Belfort, saisi sur l'appel de MM. Viellard-Migeon et Cie, eut beau réformer la décision du juge de paix ; M. Renfert se pourvut en cassation et c'est la thèse soutenue par l'ouvrier que vient de consacrer l'arrêt de la Chambre civile, rendu, il est bon de le constater, contrairement aux conclusions de M. l'avocat général Mérillon.

Voici, textuellement, comment s'exprime cette importante décision :

« Vu les articles 1, 2, 4 et 5 de la loi du 12 janv. 1895 ;

« Attendu qu'aux termes de ces articles, le salaire de l'ouvrier ne peut être saisi ni cédé que jusqu'à concurrence d'un dixième ; que, d'autre part, aucune compensation ne peut s'opérer au profit des patrons entre le montant des salaires dus par eux à leurs ouvriers et les sommes qui seraient dues à eux-mêmes pour fournitures diverses, quelle qu'en soit la nature, sauf les trois exceptions spécifiées en l'article 4 ; qu'enfin le patron qui fait une avance en espèces, en dehors du cas prévu par le paragraphe du même article, ne peut se rembourser qu'au moyen de retenues successives, ne dépassant pas un dixième des salaires exigibles ;

« *Attendu que ces dispositions*, qui ont pour but d'assurer le paiement effectif à l'ouvrier des 7/10 de son salaire que la loi lui réserve, sont d'ordre public ; que dès lors, *toute convention contraire est nulle, aussi bien celle faite avant le paiement que celle qui lui est concomitante et que, notamment, le règlement intervenu entre le patron et l'ouvrier, au moment du paiement, ne saurait faire obstacle à la répétition des sommes indûment retenues par le patron* ;

« Qu'il n'y a pas lieu de distinguer suivant le caractère plus ou moins utile des fournitures reçues par l'ouvrier ;

« Attendu, en fait, que le jugement attaqué déclare que Renfert avait cédé à un tiers le dixième dont il peut disposer; qu'il ne constate pas que Viellard-Migeon et Cie avaient pratiqué une saisie-arrêt sur le salaire de leur ouvrier; que, par suite, ils ne pouvaient retenir lors de chaque paiement, qu'un dixième du salaire ;

« Attendu que le jugement attaqué, qui ne conteste pas que, de mai à sept. 1907, Viellard-Migeon et Cie aient, à chaque paiement mensuel, retenu des sommes supérieures au dixième disponible, déclare ces retenues valables par le motif qu'elles représentaient le prix des fournitures de première nécessité, que Renfert les abandonnait librement lors de chaque paiement et acceptait alors le compte dressé par ses patrons;

« Qu'en statuant ainsi le jugement attaqué a violé les articles de loi ci-dessus visés;

« Par ces motifs, casse et annule... ».

On conçoit aisément à quels périls pratiques une telle solution exposera les patrons si elle doit faire jurisprudence. Nombreux, en fait, sont les industriels qui, comme MM. Viellard-Migeon et Cie, fournissent directement à leurs ouvriers, par le ministère d'établissements dépendant de leur exploitation, ou leur procurent, en répondant pour eux à leurs fournisseurs, les denrées de première nécessité, aliments, charbons, médicaments. Quelques-uns les mettent à même d'acquérir des maisons à bon marché, grâce à des versements mensuels que les ouvriers s'engagent à effectuer jusqu'à complet amortissement du capital représenté par ces maisons. Les Compagnies de chemins de fer, les chemins de fer de l'État notamment, font fonctionner des *économats*, institutions que d'aucuns ont parfois critiquées, que le législateur, à tort ou raison, pourra être un jour appelé à supprimer, mais qui n'en ont pas moins poursuivi, jusqu'à présent, leurs opérations sous la sauvegarde et la garantie de la loi actuelle, qui leur reconnaît une existence régulière et licite. Et, en fait, il est impossible de contester que, dans certaines régions surtout, les économats rendent aux ouvriers d'inappréciables services.

Or, depuis la loi de 1895, des milliers et des milliers

d'ouvriers ont réglé leur compte avec l'économat patronal en consentant, à chaque paie, à laisser entre les mains de l'employeur une somme égale au montant des fournitures ou encore à celui des avances en argent qui leur avaient été faites, pour leur permettre de vivre, en attendant la fin du mois ou de la quinzaine. Nul n'avait pensé jusqu'ici que cette pratique, aussi simple qu'équitable, constituât un abus tombant sous le coup de tous les reproches classiques dirigés contre le *truck-system*, et qu'en tout cas, elle fût prohibée par les dispositions de la loi du 12 janv. 1895. La Cour de cassation vient de décider cependant qu'il y avait là une compensation irrégulière, une convention en opposition avec les dispositions d'une loi dont le caractère d'ordre public ne peut être contesté par personne. Les ouvriers et les patrons, en établissant chaque mois, depuis quatorze ans, des règlements de comptes amiables du genre de ceux qui viennent d'être condamnés, ont consenti autant de conventions nulles d'une nullité radicale et absolue. Les retenues supportées par les ouvriers représentent un chiffre pareil des salaires non payés, et restant dus par conséquent. Il y en a ainsi, affirme-t-on, pour plusieurs centaines de millions. Combien d'ouvriers, à l'exemple de M. Mathias Renfert, vont songer à les réclamer! Au besoin, les agents d'affaires sont là pour les renseigner sur leurs droits et sur la perspective que leur ouvre la jurisprudence de la Cour de cassation, pour dresser et grouper savamment leurs demandes, parfois pour se faire céder des créances qu'ils se chargeront ensuite de faire valoir avec un succès assuré. Voilà de multiples procès en perspective. Procès des ouvriers pour le recouvrement des reliquats de salaires soi-disant impayés. Procès des patrons pour le paiement de leurs créances contre les ouvriers à qui ils auront été contraints de restituer les retenues antérieures. Tels seront les nouveaux méfaits de cette malheureuse loi du 12 janv. 1895, vraiment par trop féconde en fruits amers ou empoisonnés !

N'y aurait-il pas cependant quelque moyen à employer, quelque argumentation nouvelle à faire valoir à l'encontre de ces réclamations futures que leur mauvaise foi notoire n'empêcherait pas de se couvrir de la protection de la loi? Nous craignons — et c'est précisément ce qui fait la gravité de la situation — que les instruments de défense auxquels on pourrait songer à recourir ne soient d'une faible efficacité ou d'une légalité contestable.

On pourrait d'abord chercher un abri derrière les dispositions du Code civil relatives à la prescription. L'article 2271 soumet, en effet, à une prescription de six mois l'action des ouvriers et gens de travail pour le paiement de leurs salaires. Certes, si cette disposition était applicable à la situation, elle circonscrirait fort utilement les effets menaçants de l'arrêt de la Chambre civile. Malheureusement la jurisprudence de la Chambre civile met obstacle à ce qu'on puisse faire grand fond sur ce moyen. La prescription de l'article 2271, en effet, comme toutes les courtes prescriptions, repose sur une présomption de paiement, présomption qui, conformément à l'articte 1352 du Code civil, tombe devant le serment (Cf. art. 2275, C. civ.), et aussi devant l'aveu. Dès lors, il a été jugé que l'article 2271 et sa prescription de six mois sont inapplicables lorsque celui qui l'invoque reconnaît n'avoir pas payé la somme réclamée (Civ., 20 nov. 1889, D. P. 90. 1. 60; 16 juill. 1906, D. P. 1906. 1. 366). Le patron, ne niant pas les retenues naguère effectuées par lui (et, au besoin, on lui déférerait le serment sur ce point), reconnaîtrait ainsi n'avoir pas payé les salaires jusqu'à due concurrence. Et, de ce reliquat de dettes, il ne pourrait être libéré que par la prescription de trente ans.

Tout aussi aléatoire serait un procédé consistant, pour les patrons, à provoquer immédiatement de la part de leurs ouvriers, avant que ceux-ci n'aient pu être tentés par les sollicitations des entrepreneurs de procès, une ratification de leurs comptes, antérieurement arrêtés. Outre que ce procédé laisserait les employeurs à la discrétion de leurs ouvriers, et risquerait d'aggraver le mal en éveillant précisément les cupidités qu'il s'agirait d'assoupir, il donnerait lieu à de redoutables objections. Une nullité absolue, comme celle qui résulte de la violation d'une loi d'ordre public, est-elle susceptible de se couvrir par une confirmation ultérieure ? C'est en somme la question qui serait en jeu. On en aperçoit aisément la solution.

Contre les périls qui menacent les caisses des patrons — et aussi celles de l'État, comme nous l'avons dit, — nous n'apercevrions donc que deux remèdes. Le premier pourrait être rapide, mais c'est un remède héroïque, très dangereux, comme précédent, et, de plus, terriblement chanceux ; car, administré par une main lourde et indiscrète, il peut aggraver — et, en fait, il aggrave le plus souvent le mal. Ce remède serait, — nous y faisions allusion plus haut — une loi interprétative. L'autre consisterait dans un revirement de la Cour de cassation mieux éclairée, et statuant toutes chambres réunies, grâce à une résistance salutaire de la part de la juridiction de renvoi. Ce second remède, est-il besoin de le dire, aurait théoriquement toutes les préférences des juristes. Le malheur, c'est qu'il comporte d'inévitables lenteurs. En tout cas, c'est le droit de la critique de signaler toutes les raisons qui pourraient, le cas échéant, justifier, commander même un aussi désirable revirement. Et nous sommes ainsi conduit à l'appréciation et à la discussion directes de l'arrêt dont nous venons de faire voir l'importance économique et sociale.

Les motifs invoqués par la Chambre civile de la Cour de cassation à l'appui de sa décision peuvent se ramener à un argument unique d'une extrême simplicité. L'article 4 et l'article 5 de la loi du 12 janv. 1895 décident qu'*aucune* compensation ne peut s'établir entre la dette du patron envers l'ouvrier, à raison de ses salaires, et une dette quelconque de l'ouvrier, sauf (art. 5) jusqu'à concurrence d'un dixième pour les avances en argent. Cette prohibition interdit *toutes* les compensations — non seulement la compensation légale, celle qui s'opère de plein droit, dans le système de notre Code civil français, mais encore la compensation conventionnelle. Et ce sont précisément des compensations de ce deuxième genre qui étaient intervenues entre Renfert et la Société Viellard-Migeon et Cie, sous forme de règlements mensuels emportant retenue sur les salaires des sommes dues au patron par l'ouvrier. Ces compensations conventionnelles tombent en conséquence sous le coup de la prohibition légale.

Cette argumentation très rigoureuse et qui s'inspire, il faut le reconnaître, d'une juste appréciation du caractère forcément impératif des lois de protection ouvrière[1], ne peut cependant résister, croyons-nous, à un examen attentif. Elle encourt, en effet, deux graves reproches. D'une part, elle méconnaît complètement le sens véritable de la loi du 12 janv. 1895, ainsi que les principes généraux de la compensation. Et, d'un autre côté, elle aboutit, en pratique, à des difficultés singulières et à peu près insolubles.

I. Qu'a voulu faire tout d'abord la loi de 1895, cette loi qui, de l'aveu général, n'a « créé rien d'absolument nouveau » (V. Duvergier, *Lois et décrets*, 1895, p. 37 et 38, n. 1), mais seulement consacré les principes posés par la jurisprudence (Req. 29 mai 1878, D. P. 79. 1. 21), en en formulant la réglementation? Elle a voulu empêcher que l'ouvrier ne puisse, par sa propre imprudence ou par sa faiblesse vis-à-vis des sollicitations et des tentations dirigées contre lui, se voir, au moment de la paie, mis dans l'impossibilité de toucher son salaire. C'est pourquoi, d'une part, elle l'a protégé contre ses créanciers ordinaires, contre les étrangers à l'usine, en interdisant les saisies-arrêts sur son salaire pour plus d'un dixième de celui-ci (art. 1er). C'est pourquoi aussi, d'autre part, elle l'a protégé contre son patron en interdisant à celui-ci de se payer lui-même, par voie de compensation ou de retenue (art. 4 et 5), sauf jusqu'à concurrence d'un autre dixième (art. 5) à raison des avances d'argent. C'est pourquoi, enfin, elle prohibe les cessions de salaires faites d'avance pour plus d'un

(1) Ce caractère d'ordre public prohibant toute convention contraire ne peut être mis en question. Depuis 1895, le législateur a d'ailleurs pris l'excellente habitude de se prononcer expressément sur ce point. La meilleure formule, à cet égard, est celle qu'a employée notamment la loi du 7 déc. 1909 prescrivant le paiement des salaires en monnaie ayant cours légal, « *nonobstant toute stipulation contraire à peine de nullité* ».

dixième (art. 2). De la sorte, l'ouvrier est toujours en droit, quoi qu'il ait pu faire auparavant, de réclamer, le jour de la paie, un minimum des sept dixièmes de son salaire. Mais est-ce à dire que, ce salaire, l'ouvrier, au moment où il le touche, ou après l'avoir touché, n'ait pas le droit d'en disposer? En aucune façon. On ne l'a jamais pensé, ni avant la loi de 1895, alors que la jurisprudence, avec une hardiesse prétorienne, avait déjà, à l'imitation de celle des traitements de fonctionnaires, établi l'insaisissabilité des salaires ouvriers jusqu'à concurrence des quatre cinquièmes. On ne peut pas davantage le soutenir depuis que la loi de 1895 a confirmé la jurisprudence antérieure, en élevant seulement le taux de l'insaisissabilité. L'ouvrier a donc toujours eu, et il a encore aujourd'hui, ce que personne ne peut contester, le droit, à l'instant même où il touche son salaire, de le dépenser en totalité ou en partie, de le céder, de le donner, de le faire servir à payer ses créanciers.

Or, lorsqu'il laisse de son plein gré à son patron une partie de son salaire, en règlement de ce qu'il lui doit, l'ouvrier fait-il autre chose que s'acquitter de sa dette? Non, assurément. S'il avait été démontré, dans le procès Renfert-Viellard-Migeon, que le patron avait usé d'une pression sur le salarié pour lui retenir une partie de sa paie, le droit de répétition reconnu par le juge de paix, puis par la Cour de cassation, se fût certes imposé. Mais, au contraire, le tribunal de Belfort avait constaté, et, sur ce point de fait, son appréciation était souveraine, que le règlement intervenu avait été conclu « en dehors de toute contrainte ». Renfert, qui aurait pu, s'il l'avait voulu, exiger chaque fois son paiement intégral, sans rien laisser pour s'acquitter, ainsi qu il l'a fait pour son salaire d'octobre, n'avait pas, les mois précédents, usé de ce droit incontestable; il avait au contraire abandonné volontairement une partie de son dû à la caisse patronale pour s'acquitter lui-même. Comment critiquer un arrangement aussi naturel et aussi commode?

Parce que c'est une compensation, nous dira-t-on, et que la loi de 1895 interdit la compensation. Ici il est à craindre que la solution adoptée par la Cour suprême ne soit la conséquence d'une fâcheuse terminologie et, en somme, de la pauvreté de notre langue juridique. Notre doctrine reconnaît en effet, sans parler de la compensation *facultative*, qui n'a rien à voir ici, deux sortes de compensation, la *compensation légale* et la *compensation conventionnelle*. Mais il est à noter, d'abord, qu'en droit positif, c'est la première uniquement qui porte le nom de compensation. C'est d'elle seule que parlent les articles 1289 à 1299 du Code civil. Si bien que le Code civil, on peut l'affirmer, ignore complètement la compensation conventionnelle. Et en effet cette dernière opération, à la différence de l'autre, ne constitue rien de spécifique. Ce qui caractérise la compensation légale, dans notre Droit français, c'est non pas seulement que c'est un mode de paiement réciproque abrégé, ni même que c'est une garantie de paiement, une sûreté au profit de chaque créancier qu'elle investit d'une sorte de droit de rétention renforcé sur ce qu'il doit lui-même à son débiteur (V. Saleilles, *Étude sur la théorie générale de l'obligation*, 2e éd., n. 61); c'est surtout qu'elle aboutit à un paiement forcé, bien plus, automatique, par ce fait qu'elle s'opère *de plein droit* (art. 1290) dès le moment de la coexistence des deux obligations réciproques, sans la volonté, et même contre la volonté des deux créanciers-débiteurs respectifs. La *compensation*, à cet égard, est l'équivalent absolu d'une saisie-arrêt, d'une saisie-arrêt sur soi-même et, dès lors, rien de plus naturel que la disposition de l'article 4 de la loi de 1895, qui la déclare impossible sur les salaires ouvriers. Ceux-ci sont incompensables parce qu'ils sont insaisissables. En interdisant au patron de compenser, la loi n'a fait autre chose que lui interdire de saisir. Elle l'a réduit à la condition d'un créancier ordinaire, comme l'a dit M. Regismanset, rapporteur, dans la séance du Sénat du 25 juin 1894 (V. D. P. 1895. 4. 16, notes 3 et 4, Cf. Duvergier, 1895, p. 39. note 2). Et, à cet effet, elle l'a privé du mode d'exécution forcée, de la variété de saisie qu'il pouvait auparavant exercer sur sa propre dette sous forme de compensation. Mais, quant à la soi-disant compensation conventionnelle, qui n'est que l'équivalent d'un paiement volontaire, compensation dont la loi n'a pas parlé, parce qu'elle n'est pas autre chose ou bien qu'une extinction de deux obligations réciproques par voie de remise de dette mutuelle ou encore de délégation, la loi de 1895 a-t-elle entendu la prohiber ? Non, pas plus qu'elle n'a interdit le paiement volontaire dont elle est une variété. Et, à cet égard, les expressions employées par les textes sont significatives. « Aucune compensation ne *s'opère*, dit l'article 4 », mot qui ne vise pas évidemment la compensation conventionnelle; car celle-ci, à la différence de l'autre, ne *s'opère* pas toute seule : ce sont les contractants qui l'opèrent quand cela leur convient ainsi. Et l'article 5 ajoute que le patron ne peut « se *rembourser* », expression qui ne vise encore, cela est manifeste, qu'un règlement *forcé*, par voie de retenue *imposée*. Or, dans le procès Renfert-Viellard-Migeon, le patron ne *s'était* pas remboursé. Il *avait été remboursé* par le bon vouloir de son ouvrier. Ni l'article 4 ni l'article 5 de la loi n'avaient donc reçu la moindre atteinte.

Constatons que la doctrine et la jurisprudence sont pleinement d'accord avec les solutions qui précèdent et qu'on peut en tirer les deux formules ci-après, dans lesquelles se résume, croyons-nous, le problème juridique qu'avait à résoudre l'arrêt du 21 juill. 1909. D'une part, ce qui est insaisissable est soustrait à la compensation. Et, d'autre part, dire qu'une dette est soustraite à la compensation, ne doit s'entendre que de la compensation légale et ne s'applique pas à l'extinction volontaire désignée (peu exactement) sous le nom de compensation volontaire.

La première proposition, d'abord, nous apparaît comme conforme à l'interprétation qu'on s'accorde à donner de l'article 1293, § 3 du Code civil. Ce texte déclare incompensable toute dette « qui a pour cause des aliments déclarés insaisissables ». Or, on est unanime à étendre la règle à toute dette insaisissable, notamment aux créances faisant partie de la dot (Larombière, *Obligations*, t. IV, art. 1293, n° 9; Huc, *Droit civil*, t. VIII, n° 161 ; Baudry-Lacantinerie et Barde, *Obligations*, t. III, 3e éd., nos 1850 et 1860).

Comme le dit très bien M. Planiol (*Traité élém. de droit civil*, t. II, 4e éd., n° 578), « la loi ne le dit pas en termes généraux; elle se borne à excepter de la compensation les aliments déclarés insaisissables. Par le raisonnement, on découvre la cause qui rend la compensation impossible, et cette cause est de telle nature qu'elle a la valeur d'un principe général ».

Quant à la seconde proposition, elle a été consacrée par une décision de la Cour de cassation elle-même. En effet, il a été jugé par la Chambre des requêtes que l'article 1293-2°, qui fait obstacle à la *compensation légale* de sommes mises en dépôt avec celles dont le déposant se trouve débiteur envers le dépositaire, cesse de recevoir son application si le déposant, par exemple le client d'un banquier, a consenti à cette compensation, en un mot lorsqu'il y a eu *compensation conventionnelle* (Req. 25 nov. 1891, D. P. 92. 1. 276).

Tels sont les principes de la matière. Mais il convient d'ajouter que, depuis quelque temps, la jurisprudence paraît les méconnaître dans des décisions qui témoignent d'un fâcheux oubli des règles fondamentales du droit civil. C'est ainsi que la Cour de Paris a jugé, le 12 févr. 1908 (S. 1908. 2. 313), que le dépositaire, créancier du déposant pour d'autres causes, peut saisir-arrêter entre ses propres mains les objets qui lui ont été remis à titre de dépôt par le dépositaire, comme si une telle solution n'aboutissait pas à rendre lettre morte la prohibition de l'article 1293, § 2. Et la chambre civile de la Cour de cassation, commettant la même erreur, a décidé, le 31 mai 1907 (S. 1909. 1. 153), que le patron peut compenser les salaires dus à un ouvrier avec les sommes que celui-ci lui doit, non pour fournitures diverses (ici la compensatiou est interdite par l'article 4 de la loi de 1895), mais en réparation d'un délit civil, par exemple à titre de dommages-intérêts pour rupture intempestive du contrat de travail. Nous n'avons rien à reprendre ou à ajouter à la juste critique que M. Albert Tissier a faite de cet arrêt dans la note insérée par lui, à ce sujet, dans le recueil de Sirey. Il était trop évident que, si la compensation, dans l'espèce visée par la Cour suprême, n'était pas contraire à la lettre de l'article 4 de la loi de 1895, elle l'était au texte de l'article 1er, qui, prohibant la saisie-arrêt pour plus d'un dixième, doit, par là même, interdire la compensation. Et n'est-il pas singulier que la Chambre civile, après s'être ainsi montrée exagérément facile à admettre la compensation légale en matière de salaires par son arrêt du 31 mai 1907, ait ensuite, par une sorte de jeu de bascule, fait preuve d'un rigorisme excessif en prohibant la compensation conventionnelle (que la loi de 1895 n'avait pas visée) par son arrêt du 21 juill. 1909? Et cette singularité n'est-elle pas soulignée encore par l'attitude de la chambre des requêtes, qui, sur une question tout à fait analogue à celle qu'a tranchée la chambre civile en 1907, avait rendu une décision diamétralement opposée ? (V. Req. 16 janv. 1905, S. 1907. 1. 511. Cf. S. 1905. 2. 25, et la note de M. Albert Wahl). Il s'agissait, dans l'espèce tranchée par ce dernier arrêt, non plus de l'insaisissabilité du salaire établie par la loi de 1895, mais de celle des rentes constituées à la suite d'un accident du travail prononcée par l'article 3 de la loi du 9 avr. 1898. Cette disposition, nous dit la chambre des requêtes, qui « a pour objet d'assurer à l'ouvrier blessé la totalité d'une indemnité réputée nécessaire à son existence, s'oppose à ce que le débiteur d'une rente de cette nature se paie lui-même, *par voie de compensation légale,* sur le montant de sa dette de ce qui pourrait lui être dû par l'ouvrier créancier de la rente ». Ici, nous devons le constater, la Chambre des requêtes se montre plus fidèle que la Chambre civile aux principes de la matière. Le soin qu'elle a pris de réduire à la *compensation légale* la portée de la prohibition de compenser, considérée par elle comme la conséquence d'une insaisissabilité protectrice, permet de supposer que, dans l'affaire Renfert-Viellard-Migeon, elle aurait — si elle avait eu à dire le dernier mot — jugé tout autrement que la Chambre civile. Et peut-être est-il permis de tirer de cette opposition entre deux des sections de la Cour suprême un favorable augure pour une décision ultérieure des trois chambres réunies.

II. — Nous avons insisté sur les objections d'ordre purement juridique auxquelles prête — à notre avis — l'arrêt de la Chambre civile du 21 juill. 1909. Nous serons plus bref sur les difficultés, disons mieux, sur les impossibilités pratiques dont il sera la source, s'il doit fixer la jurisprudence.

Ici nous nous contenterons de quelques brèves indications, auxquelles suppléera aisément l'imagination de nos lecteurs. Tenons pour définitivement consacré que le règlement par lequel l'ouvrier, débiteur de son patron, laisse volontairement à celui-ci une partie de son salaire, doit être dorénavant considéré comme illicite. Comme il n'appartient pas à la Cour de cassation d'interdire aux usiniers de faire fonctionner des économats ni de faire des avances à leurs ouvriers, il se produira bien souvent encore ce fait que des ouvriers, lorsqu'ils auront touché leur paie, resteront débiteurs de leur patron. Quand et comment le paieront-ils? Ils ne peuvent, c'est entendu, payer en moins prenant, quand bien même ils y tiendraient absolument. Mais, une fois les écus touchés bon gré mal gré, faudra-t-il. pour qu'ils fassent un paiement valable, attendre huit jours, ou un jour seulement, ou bien permettra-t-on qu'ils s'acquittent sur l'heure, en exigeant seulement qu'ils sortent de la caisse patronale, quittes à y rentrer immédiatement par une autre porte? Les choses se passeront-elles régulièrement si le patron a établi deux guichets, l'un pour payer, l'autre pour recevoir? Ou bien se contentera-t-on que l'ouvrier, sans quitter le guichet, touche de la main droite, puis fasse passer une partie des écus dans sa main gauche pour les restituer au même caissier? Lesquelles de ces combinaisons ou des nombreuses autres auxquelles on peut songer seront exposées à se voir qualifier de *conventions concomitantes* au paiement et, dès lors, à donner lieu à une répétition à l'encontre du patron? Telles sont les difficultés byzantines, puériles même, auxquelles prêterait la jurisprudence que nous venons d'examiner, si elle devait s'implanter définitivement. Il nous paraît impossible que la Cour de cassation les ait aperçues avant de rendre son arrêt, ou que, les apercevant maintenant, elle s'obstine dans une doctrine aussi inexplicable pour les juristes que dangereuse pour les intérêts du commerce et de l'industrie.

AMBROISE COLIN.

BAR-LE-DUC — IMPRIMERIE CONTANT-LAGUERRE.

5e ANNÉE 1909

REVUE DE DROIT INTERNATIONAL PRIVÉ ET DE DROIT PÉNAL INTERNATIONAL

FONDÉE PAR

A. DARRAS

RÉDIGÉE PAR

A. de LAPRADELLE

PROFESSEUR AGRÉGÉ A LA FACULTÉ DE DROIT DE PARIS
ASSOCIÉ DE L'INSTITUT DE DROIT INTERNATIONAL

SOUS LE PATRONAGE DE MM.

A. LAINÉ
Professeur à la Faculté de droit de Paris

A. WEISS
Professeur à la Faculté de droit de Paris

A. PILLET
Professeur à la Faculté de droit de Paris

De BŒCK
Professeur à la Faculté de droit de Bordeaux

E. AUDINET
Professeur à la Faculté de droit d'Aix

E. BARTIN
Professeur à la Faculté de droit de Paris

et avec la collaboration de jurisconsultes, magistrats et professeurs, français et étrangers

Secrétaire de la rédaction : **P. GOULÉ,** Docteur en droit, ancien magistrat

Abonnement annuel

France.................. **20** francs. — Étranger.................. **22** fr. **50**

L'année terminée se vend.............................. **22** francs.

Le Gérant : L. LAROSE.

BAR-LE-DUC. — IMPRIMERIE CONTANT-LAGUERRE

www.ingramcontent.com/pod-product-compliance
Lightning Source LLC
LaVergne TN
LVHW020520230826
846091LV00008BA/3503

9782019218379